La fête
de Camille

Béatrice M. Richet et Vinicius Vogel

À PAS DE SOURIS
Dominique et compagnie

Merci à Agnès Huguet
et à Jean Bédard,
pour leur générosité.

À André, infiniment

Aujourd'hui, c'est la fête de Camille.
Elle a invité ses amis. Maman dit :
« Allez jouer en bas ! »

Camille veut jouer aux billes
avec Simon.

Mais Simon veut jouer au ballon
avec Alec.

Alec veut jouer aux échecs
avec Sarah.

Mais Sarah veut jouer aux cartes
avec Théo.

Théo veut jouer aux jeux vidéo
avec Éric.

Mais Éric veut jouer à l'élastique
avec Chloé.

Chloé veut jouer au karaoké
avec Zoé.

Mais Zoé veut jouer aux dés
avec Arthur.

Arthur veut jouer aux voitures
avec Juliette.

Mais Juliette veut jouer
aux fléchettes avec Isabelle.

Isabelle veut jouer à la marelle
avec Émilie.

Mais Émilie veut jouer sur l'ordi
avec Camille.

Pour Camille, c'est trop compliqué.
Elle retourne en haut...
manger du gâteau !